AF206051

Julien Gabriel Papp

Die Weisheiten

des Lebens

Bibliografische Informationen der Deutschen Nationalbibliothek.
Die Deutsche Nationalbibliothek verzeichnet diese Publikation in der
Deutschen Nationalbiografie: detaillierte Daten sind im Internet
über http://dnb.dnb.de abrufbar.

© Dezember 2019 Julien Gabriel Papp

Herstellung und Verlag

BoD - Books on Demand, Norderstedt

ISBN: 9783750425972

Autor & Layout:

Julien Gabriel Papp

Mein Name ist Julien Gabriel Papp und ich bin 12 Jahre alt.

Irgendwie hatte ich Lust, ein kleines Buch zu schreiben.

Ich hoffe, es gefällt euch.

Die Buntheit des Lebens

Man sieht immer wieder, wie
unterschiedlich, komisch und
anders das Leben sein kann.
Anstatt wie man es sich gerade
vorstellt oder haben will.

Man kann halt am Leben nichts
verändern, das Leben kommt wie
es kommt.

Die Freude am Leben

Die Welt ist nicht immer so wie man sie gerade haben will, es gibt blöde Tage, aber es gibt auch schöne und glückliche Tage.

Deshalb ist Freude am Leben zu haben etwas ganz Besonderes.

Die Stille reinigt den Geist

Wenn man gerade traurig oder
sauer ist, kann man entweder den
Schmerz probieren zu
unterdrücken oder, das mache
ich, man lässt den Schmerz
einfach da und fühlt ihn richtig
wie er da ist.

Aber wenn man den Schmerz da
lässt, kommt darauf ganz innerer
Frieden und man wird ganz
ruhig in sich selbst.

Deshalb sage ich.

Die Stille reinigt den Geist.

Still sein beruhigt einen, wenn man gerade traurig, sauer und durcheinander ist.

Da sagt man auch, die Stille reinigt den Geist.

Das Leben ist so unterschiedlich,

alles ist so bunt und schön.

Es ist einfach wunderschön.

Der Frieden sei mit Dir.

Egal, ob du jetzt sauer oder
traurig bist, er ist immer bei dir.

In deinem Inneren bist du immer zuhause, egal wann oder wo oder wie. Du bist.

Du bist immer in dir zuhause.

Die Liebe ist unsterblich, du wirst

irgendwann sterben so wie jeder

Mensch, aber eins lebt immer

weiter – deine Seele und deine

Liebe.

Du bist nie alleine, egal wann.

Wenn du alleine zuhause bist,

bist du trotzdem nicht alleine.

In dir selbst bist du immer
zuhause, fühle es jetzt schon in
deinem Körper.

In jeder Form ist es still, egal ob es
ein Quadrat oder ein Rechteck ist,
das spielt nie eine Rolle.

Der Segen sei mit dir.

Wärme dich an deiner Liebe in deinem Körper und an deinem Herz – da ist es schön warm.

Liebe, Wärme, Frieden, Stille und
die Wertschätzung, dass alles in
dir für immer und ewig ist.

Du wirst immer weiterleben, egal ob du tot bist. In deinem Inneren wirst du immer leben.

Die Liebe ist so stark und kräftig,

dass nichts, gar nichts sie töten

oder schwächen kann.

Die Liebe ist unendlich lang und
breit.

Lass den Schmerz da, spüre ihn
ganz intensiv.

Lass einfach gehen,

was gehen will.

Du bist toll, lass dir nichts
einreden – jeder Mensch ist
besonders.

Lebe so wie du Leben willst, so
wie du es dir in deinen Träumen
vorgestellt hast.

Lass dir nichts einreden, dass du nicht kannst – du bist so wie du bist.

Du musst keinem etwas
vormachen, das ist unnötig –
bleib wie du bist.

Achte mal drauf, wie dein Körper
atmet, schau mal, was dein
Körper alles kann.

Mach dir keine Gedanken. Höre
auf dein Körpergefühl oder was
dein Bauch sagt.

Stille ist nicht immer still, sie kann laut oder leise sein, dass spielt keine Rolle.

Lass dich nicht stressen oder
hetzen.

Bleib ruhig in dir, es gibt immer
und für alles eine Lösung.

In seinem Inneren will man nie

etwas Böses.

Alles hat eine Farbe, immer.

Mach deine Augen zu, merke nur
deine Atmung.

Alles hat seine Gründe, wenn

etwas passiert.

Du bleibst immer auf dieser Erde
erhalten.

Du bist immer in den
Erinnerungen erhalten auf
diesem Planeten.

Vielleicht wirst du irgendwann

wieder Leben, bestimmt nicht so

wie jetzt, aber es wäre möglich.